# परिंदे वापस जाने लगे

किरन पाल सिंह

ISBN 979-8-88733-600-8

उन सब को समर्पित जो अपने ही देश में अप्रवासी थे

# विवरणिका

# आमुख से

## 1.

कोरोना एक वैश्विक महामारी थी ऐसी महामारी जिसको आज की पीड़ी ने कभी नहीं देखा था न ही कल्पना की थी कि ऐसा भी दिन आ सकता है ये महामारी हमारे नियंत्रण से बाहर थी परन्तु इससे उपजी परिस्थितियों के बीच सामंजस्य बिठाना तो हमारे बस में था फिर भी हमने ऐसी बिभीषिका देखी जो रूह को कपा देती है क्या बच्चे क्या महिलाएं क्या बुजुर्ग क्या जवान सभी इस का शिकार हुए और इतना शिकार हुए की हर वो व्यक्ति जो इस मंजर को अपनी आँखों से देख रहा था अपने अंदर एक टीस सी महसूस कर रहा था अपने आप को असहाय महसूस कर रहा था नीति नियेत्ताओं ने निर्णय तो लिए पर एकतरफा लिए, उन निर्णयों से क्या पशमंजर बनेगा इसकी न तो कोई तैयारी की और ना हीं उस परिस्थिति से निपटने में उतनी कर्तव्यपरायणता दिखाई। इस प्रकोप का सबसे ज्यादा शिकार वो हुए जो अप्रवासी थे अपने ही देश में अप्रवासी। जीविका की तलाश में जिन्होंने अपना गांव छोड़ा और बेहतर भविष्य के लिए शहरों का रुख किया। मई जून का महीना, पैदल हाईवे पर न खाना न पानी और सफर असीमित हजारों मील का। पूरा परिवार सिर पर एक गठरी और हाथों में नौनिहालों का हाथ

रस्ते कम नहीं होते सूरज आग उगलते
पवन वेग थम जाते प्राण हलक में आते
लू के सघन थपेड़े गालों पर पड़ते जाते
भूख प्यास से व्याकुल बच्चे रह रहकर अकुलाते॥
उसके ऊपर से पुलिस की कार्यवाही अनुशाशन बनाने की
इसको क्या कहा जाये इससे ज्यादा कि
किस्मत जिसको मार रही है तुम उसको क्या मारोगे
उसके तन पे हाथ उठा कर अपना ही मन हारोगे॥
सिस्टम के सुझाव और नैतिक शिक्षा के उपदेश इस वेदना
को और बड़ा देते हैं जब बड़ी बड़ी मीटिंगों में लिए गए निर्णय
थोप दिए जाते हैं
बैठे हो ऐ सी कमरों में रेशम की दीवारों पे
कितने आँचल सूख गए हैं रोटी की कतारों पे
जीवन की इस नग्न हकीकत को कैसे झुठलाओगे
नैतिक सिक्षा के पाठों से कब तक मन बहलाओगे॥


## 2.

किसी सामान्य व्यक्तिव को भी अगर जज की कुर्सी पे बैठा
दो तो उसमे भी एक भावना भले ही थोड़ी सी सही मगर आ
जाती है कि न्याय हो और सही न्याय हो और ये प्रसंग तो
उस समय का है जब द्वापर था जहाँ सब कुछ धर्म से ही
निर्धारित होता था अधर्म और अनीति समाज में त्रिस्कृत थे
परित्यक्त थे पूरा महाभारत ही इस आधार पर हुआ था और
कृष्ण ने गीता के उपदेश भी कुछ इसी तर्ज पर दिए थे कि
धर्म की रक्षा होनी चाहिए चाहे किसी हद तक जाना पड़े और

जब अधर्म बहुत बढ़ जाता है तो स्वयं भगवान को धरती पर आना पड़ता है।

"यदा यदा हि धर्मस्य"

गुरु द्रोणाचार्य जो एक महान योद्धा ही नहीं अपितु परम पूज्य और नीति शास्त्र में श्रेष्ठ व्यक्ति थे संपूर्ण कुरु साम्राज्य में वे पूजे जाते थे फिर उन्होंने सारी मान मर्यादाओं को कैसे किनारे रख दिया और अपने सबसे श्रेष्ठ शिष्य से बिना किसी लेशमात्र संकोच के उसका यश कीर्ति अंगूठा मांग लिया। इस लिहाज से तो उनकी गुरु दक्षिणा उनके गुरुत्व से कहीं ज्यादा थी जब युद्ध कौशल सीखने एकलव्य उनके यहाँ आया था और उन्होंने उसको युद्ध करने लायक ही नहीं छोड़ा तो फिर गुरु दीक्षा का क्या तात्पर्य। मगर यहाँ एक बात जो गौर करने लायक है कि उन परिस्थितियों में गुरु द्रोणाचर्य कि मानसिक स्थिति क्या रही होगी कितना पश्चाताप हुआ होगा उनको और गुरु दक्षिणा के बाद वो कैसे जी पाए, अपनी करनी को जस्टिफाई कर पाए होंगे। शायद उनकी मनोस्थिति कुछ ऐसी ही होगी


मैं बिष भुजंग से घातक हूँ गुरु शिष्य प्रेम का पातक हूँ
गुरु का अब से सब मान गया मेरा जीवन सम्मान गया
मान त्याग बिष पीकर में सहर्ष सब अपमान सह जाऊँगा
गुरु द्रोणाचार्य से आचार्य मिटाकर मात्र द्रोण रह जाऊँगा
मगर अमुख से क्रूर काल के चक्र की मजबूरी न बताऊंगा
लेकर तेरा यश कीर्ति अंगूठा में सौ बार रोज मर जाऊँगा॥

गुरु तो नीतिगत श्रेष्ठा थे परन्तु एकलव्य जो हँसते-हँसते अपना अंगूठा दे देता है और कहता है कि

मान वचन गुरु कहीं अधिक गुरजात्य धनुर्धर होने से
साँसे भी व्यर्थ वीर की स्वाभिमान खोने से॥

3.

जिन लोगों ने पुलवामा की घटना को देखा उनको याद नहीं होगा ऐसी घटना पहले कब हुयी थी शायद पिछले कई दशकों में तो नहीं हुयी

40 सीआरपीएफ के जवान दो मिनट भी नहीं लगे और बारूद के ढेर में मिल गए । उनके लिए पूरा देश ही नहीं दुनिया का हर संवेदशील व्यक्ति द्रवित हुआ मगर दूसरी तरफ वो लोग जो अपने आपको जन्नत के द्वार के और नजदीक महसूस कर रहे होंगे जिन्होंने इस घटना को अंजाम दिया। जन्नत एक ऐसी परिकल्पना है जो आपकी सोच के आखिरी पड़ाव तक मनचाही है जो इसके झांसे में आ गया इसका वशीभूत हो गया वो रिमोट कंट्रोल्ड है उससे कुछ भी करा लो।

गफलत में भूले बैठे हो कि मिलेगी तुमको जन्नत
मिलेंगी तुमको हूरें पूरी होंगी तुम्हारी मन्नत॥

परन्तु जब इन जन्नतनशीनों को सुक्षाबलों ने मारा तो इनको जन्नत के परिदृश्य दिखने वालों ने इनकी लाशों को लेने से भी इंकार कर दिया और इनकी लाशें कहाँ पड़ी रही किन पंछियों और जानवरों ने खायी पता नहीं

पड़ी रहेंगी तुम्हारी लाशें लिए जन्नतों की आस
चील कौए नौच खाएंगे कोई नहीं होगा तुम्हारे पास॥

हर एक कविता की अपनी अलग पृष्ठभूमि है जिसमे व्यंग
भी है करुणा भी है एक सन्देश भी है और ज्यादातर की
बहुआयामी व्याख्या है इनमे से कुछ मुख्यतया कुत्तों का
संविधान संशोधन, चम्पारण का रण, अश्व मेरा घिर गया
है, सागर तट है दूर कहाँ, काफिला रामलीला का, मक्खन के
तमगे, लहरों पे मन, ऐ शीश तुझे झुकना होगा, लल्लुओं का
लोकतंत्र इत्यादि हैं शेष में पाठक के विवेक पे छोड़ता हूँ की
वो किस तरह से व्याख्या करता है।

# १

# द्रोणाचार्य एकलव्य संवाद

माँग रहे गुरु द्रोण शिष्य से गुरु दक्षिणा में बलिदान

करो समर्पित यश कीर्ति अंगूठा गुरु का जो रखते हो मान।

गुरु मान दक्षिणा को भूलो करो फतह तुम सारा जहान

चढ़ो विजयरथ चलो जिधर तुम विजय ही तुमको सत्काम

रवि शशि और भूमि केतुल करें अम्बर तक तेरा गुणगान।

रहो धनुर्धर तुम अविजीत श्रेष्ठ युद्ध कौशल के स्वामी

रखो तीर खींचो प्रत्यंचा नहीं इस युग में तेरा अनुगामी॥

गुरुवर हे गुरुदेव क्षमा मुझको करना होगा
वचन तोड़ने से पहले सौ बार मुझे मरना होगा

एक अंगूठा मात्र देह का एक हजारवां हिस्सा है
गुरु दक्षिणा की परिपाटी लाखों सदियों का किस्सा है॥

हो विमुख अवज्ञाकारी कैसे में जी पाऊँगा
रजनी धरती सब कोसेंगे कैसे मुँह दिखलाऊंगा॥

जिनकी नजर नहीं उठती मेरे तीरों के आगे
में उनकी नजरों के आगे कैसे नजर उठाऊँगा॥


सिर्फ अंगूठा नहीं वीरता का परिचायक होता
धनुर्विद्या निपुण वीर ही सदा नहीं नायक होता

कुछ वीर पराक्रम दिखलाने को धरती पर आते हैं
इंद्रजीत होकर भी कभी युद्ध नहीं कर पाते

ऐसे वीर महावीर अविजीत नहीं कहलाते पर गुरु दक्षिणा
की परिपाटी में तीनों युग पूजे जाते।

मान वचन गुरु कहीं अधिक गुरजात्य धनुर्धर होने से
साँसे भी व्यर्थ वीर की स्वाभिमान खोने से॥

मात्र अंगूठा मांग गुरु ने तोड़ा मेरा सपना सर्वस्व निछावर
कर देता कर शीश समर्पित अपना

गुरु दक्षिणा की खातिर सौ बार दफ़न हो जाऊंगा
गुरु अवज्ञा का पाप न जीते जी सह पाऊँगा॥

हे एकलव्य हे एकलक्ष्य तू धरती का परम विजेता है सच्चा
सेवक कर्तव्यपरायण मेरे हृदय का प्रणेता है

तेरी गुरु दक्षिणा का इतिहास सदा गुण गायेगा
सदियों तक तेरा यश तीनों लोक सुनाएगा॥

अगर काल के क्रूर चक्र का न अधिभागि होता
शिष्य के कौशल हरण का न सहभागी होता

तू क्षमा कर दे मुझे तो क्या इतिहास दुहरायेगा
युगों तक तु वीर और मुझे छली कहा जायेगा॥


मैं बिष भुजंग से घातक हूँ गुरु शिष्य प्रेम का पातक हूँ

गुरु का अब से सब मान गया मेरा जीवन सम्मान गया

मान त्याग बिष पीकर मैं सहर्ष सब अपमान सह जाऊँगा

गुरु द्रोणाचार्य से आचार्य मिटाकर मात्र द्रोण रह जाऊँगा

मगर अमुख से क्रूर काल के चक्र की मजबूरी न बताऊंगा

लेकर तेरा यश कीर्ति अंगूठा मैं सौ बार रोज मर जाऊँगा॥

# 2

# पुलवामा

एक उम्र गुजार दी हमने जिनको सवारने में

दो मिनट भी न लगाए तुमने उनको उजाड़ने में

बेगैरत हो जो एक बार उनके सामने भी न आ सके

उन शूरमाओं की आँख से आँख भी न मिला सके

कर दिया छिप छिप के कायरों की तरह वार

हारे तो तुम पहले से थे मानवता गयी तुमसे हार॥

जब देखोगे खुद को आईने में आवाज आएगी बार बार

बनने चले थे गाजी लौटे हो बन के जल्लाद

कैसे पढ़ोगे वो आयतें करोगे कर्बला को याद

अपने भी जब सुनेंगे तुम्हारी हैवानियत के किस्से

उनके भी दिल से आवाज आएगी धिक्कार धिक्कार॥



छीन के किसी की राखी अपनी कलाई में बांध पाओगे

दे के किसी की आँखों में आंसू कैसे तुम मुस्कुराओगे

गफलत में भूले बैठे हो कि मिलेगी तुमको जन्नत

मिलेंगी तुमको हूरें पूरी होंगी तुम्हारी मन्नत॥



मगर तुम्हारी बदनसीबी तुम्हारा अतीत

तुम्हे जहन्नुम भी नसीब नहीं होगा।



वो मरे नहीं तिरंगे में लिपट के आये

हजारो आँखों के आंसुओं में मुस्कुराये।



मगर जब आएगी तुम्हारी मौत कोई एक आंसू भी न
बहायेगा।

कफ़न तो क्या कफ़न का टुकड़ा भी तुम्हारे नसीब नहीं
आएगा।

पड़ी रहेंगी तुम्हारी लाशें लिए जन्नतों की आस

चील कौए नोच खाएंगे कोई नहीं होगा तुम्हारे पास॥

# 3

## रंगमहल और कब्रिस्तान

एक दिन होने लगी उजाले और अँधेरे में लड़ाई

बड़े स्वाभिमान से उजाले ने की अपनी बड़ाई

मैं भोर हूँ दोपहर हूँ साँझ हूँ हर प्राणी का प्राण हूँ

मैं गति हूँ गति की प्रगति का प्रतीक हूँ

मैं मंजिल का रास्ता हूँ और रास्ते का नूर हूँ

मैं ऊर्जा हूँ और ऊर्जा संचारित एक गुरूर हूँ


तुम स्याह हो काले हो घनघोर हो डरावने हो

भयभीति हो कुरूप हो गति की प्रगति के वाधक हो

मंजिल की रुकावट हो रास्तों की कठिन वनावट हो

स्वार्थ सिध्ही में देरी हो बजी हुयी रणभेरी हो

तुम हो थके हारे शरीरों की अंगड़ाई

ये बोलकर उजाले ने अपनी पीठ थपथपाई

कहो कुछ है तुम्हारे पास कहने को अपनी बड़ाई में

या युहीं सदियाँ गुजार दी बेतरतीव लड़ाई में

न नूर हूँ न गुरूर हूँ न ही नशे में चूर हूँ
आपसे सुन के अपनी बड़ाई
जबाब देने के लिए मजबूर हूँ

मैं जीवन का मधुर मिलन दिल से दिल की बात हूँ
बच्चों को चिड़िया से मिलाने वाली सौगात हूँ
थके शरीरों में नवस्फूर्ति भरने वाली रात हूँ
नव पल्लवित तरुणों की तरुणाई का इजहार हूँ
छुप छुप के लिखे गए प्रेम पत्रों का प्यार हूँ॥

चाँद और चांदनी की शीतलता का भास हूँ
हर रंग को एक रंग में रंगने वाला अहसास हूँ
तुम गर्मी हो मैं ठंडक हूँ तुम मादक हो मैं चंचल हूँ
तुम रंगमहल की रौनक हो मैं शांत कब्रिस्तान हूँ
तुम हो तो जग रोशन है और मैं कुछ भी नहीं
पर तुम नहीं तो तुम्हारी ही अनुपस्थिति की पहचान हूँ॥

# 4

# बारिश की बूँदें

मंद मंद मुस्काती बूँदें झर झर करती हवा से बोलें

कोमल मृदुल कपोल टटोलें अधरों पर हो अविरल खेलें

रोम रोम में सिहरन भर दें तन को पूरा शीतल कर दें

यादों का दर्पण दिखलादें बचपन का दीदार करा दें

उम्र वेश परिवेश भुला दें होठों पर मुस्कान सजा दें

माथे की सिकुड़न को मिटा दें मन की सारी प्यास बुझा दें

अंतर्मन का द्वन्द हटा दें दुविधाओं का दंश मिटा दें॥

ऐ बदल बरसात करा दे ऐसी तू बरसात करा दे

मुख ललाट यूँ निश्छल कर दे अंतस्थल में मोती भर दे

मन में बचपन पैदा कर दे अंग अंग स्फूर्ति भर दे

पानी का वो वेग बना दे कागज की फिर नाव चला दे

ऐ बादल बरसात करा दे अम्बर का आँगन महका दे॥

# 5

# खुदा का शहर

एक शहर में खुदा की खुदाई खूब दिखती है

दवाएं कोई नहीं लेता दुआएं खूब बिकती हैं

कोई भूखा नहीं सोता शहर के फुटपाथ पर

जहां एक थाली की रोटी कई हाथों में बटती है॥

जो बसर करते हैं जिंदगी खुले आसमानों में

उनकी भी थाली किसी छत के नीचे सजती है।

बच्चे अपने हों पराये हों या फुटपाथों के साये हों

जहाँ हर किसी की हँसी एक सी ही हँसती है

जब तक इस शहर का हर शख्स सो नहीं जाता

सोनेवालों की आँखें नींद को तरसती हैं॥

# 6

# बंधन और प्रेम

बंधन कैसे रोक सके हैं अल्हड सी तरुणाई को

बंदिश कैसे बांध सकी है यौवन की अंगड़ाई को

साहिल कैसे रोक सका है लहरों की मनमानी को

तलवारें कब रोक सकी हैं हमनफ़ज़ों की कहानी को

एक नजर साहिब की अगर आग लगा दे पानी में

वीराने में दीप जला दे पार करा दे दरिया तूफानी को॥

# 7

# चिनार की वादी

घाटियों में थे खड़े तरु हिमालय के बड़े

वे अडिग अनजान से स्वर्ग से शमशान से।


बचपनों को थी रिझाती पत्तियां

यायावरों को थी बुलाती पत्तियां

बेघरों को थी बसाती पत्तियां॥

अजान की चीखें सुनाते थे वृक्ष बहार के
लहलहा के थे थिरकते वो दरख़्त चिनार के


संगीत वहां से चलता था
दारा शिकोह वहां पलता था
वेदों के अनुवाद कराये जाते थे
सरगम सूफी संगीत बजाये जाते थे॥


संगीतों की सरगम धुन पर मस्त चिनार मचलते थे
पुण्य प्रेम के पावन झरने इस घाटी से झरते थे।
पुलकित वसुधा के रोम रोम कुदरत सुंदरता भरती थी
हिमशिखरों से छिटक छिटक आभा एक विचरती थी
धरा शुशोभित होती थी हरे भरे मैदानों में
आज वहां पर कैद है घाटी बारूदी समानों में॥

# 8

# परिंदे वापस जाने लगे

बचपन की वो सरल फुहारें
अल्हड़पन की विरल वहारें
मनमौजी मन स्फूर्तिक तन
कड़ी धुप में करे जतन॥

भरना पेट खेलना दिनभर और नहीं कुछ काम
इस गली से उस गली खेतों से खलिहान
पगडंडियों को रोज नापते न करते आराम
छोटी छोटी अभिलाषाएं छोटे छोटे से अरमान॥

गुल्ली डंडे के दाव पैरों में चोट के घाव
कंचों की खनखन बाजी जीतने की उलझन
चीटों को लड़ाना आँधियों में आम चुराना
होली पे जशन मनाना कीचड को रंग बनाना॥

मनचाही मस्ती होती थी जिस छाँव

वहीं हम पले बड़े वहीं है मेरा गांव

इच्छाएं सीमित थी असीमित थे मेरे पाँव

गांव में बसता था स्वर्ग, स्वर्ग में बसते थे गांव॥

छूट रहा था गांव घुट रहा था मन

नैन नीर थे भरे अश्क थे छलके नयन

गांव से उठते कदम गांव को करके नमन

अंक में असीम से नए स्वप्न नए स्वप्न


पालकी में थे सजे उज्जवल भविष्य से बंधे

एक नए श्रृंगार से चमन की वहार से

गुलों में गुलजार से सावन की फुहार से

नए स्वप्न नए स्वप्न नए स्वप्न


हवा जहर से भरी हुयी पानी में था घुला जहर

चकाचौंध से आँखें मिचती चारो तरफ शोर ही शोर

मन में ऐसी उलझन दौड़े पल भर को न जाये ठहर

आदमी का आदमी पे कैसा है कहर

शायद इसी को कहते हैं शहर॥

रहने को झुग्गी मिली एक नाले के पास

चारो तरफ थी गन्दगी शहरों के उरवास

खाने को रोटी मिली तन पर मिला लिबास

शहरों की दरियादिली एक बँधायी आस

भीड़ भाड़ रमने लगी पर मन रहा उदास

धीरे धीरे रम गए शहरों के उरवास॥


कुछ बरस यूँ बसर हो गए गांव से हम दूर हो गए

शहर अपने लगने लगे हम शहर होने लगे

शहर ने हमको छला या हम शहर छलने लगे

यूँ भूलकर बेफिक्र से दिन जिंदगी के चलने लगे॥


कोरोना का पहर बन के टूटा ऐसा कहर

रोते गिड़गिड़ाते हम चिड़चिड़ाने लगे

निवालों का मोहताज बनाकर हमें

शहर हमको खुदसे भगाने लगे॥


बर्षों लगे जिस आशिया को बनाने में

परिंदे अब वो आशियाँ ढहाने लगे

मौत के आगे भी कुछ है तो है

जिंदगी जीने की चाह

इसी चाह में परिंदे बापस जाने लगे॥


मीलों का सफर ये खुदा का सजर

कैसे होगा बसर हौंसलों की डगर।

पैरों पर विश्वास है जीने की आस

बच्चों के हाथों बंधा मेरे हाथों का लिबास॥


उर को विह्वल कर देती आँखों में आंसू भर देती

औरत के भाव बादल देती बच्चों को पानी की प्यास


रस्ते काम नहीं होते सूरज आग उगलते

पवन वेग थम जाते प्राण हलक में आते

लू के सघन थपेड़े गालों पर पड़ते जाते

भूख प्यास से व्याकुल बच्चे रह रहकर अकुलाते॥

किस्मत जिसको मार रही है तुम उसको क्या मारोगे

उसके तन पे हाथ उठा कर अपना ही मन हारोगे

ये दर्द वेदना बेरहमी ये सिस्टम की नाकामी है

सिस्टम की इस नाकामी को कैसे झूट से टारोगे॥


बैठे हो ऐ सी कमरों में रेशम की दीवारों पे

कितने आँचल सूख गए हैं रोटी की कतारों पे

जीवन की इस नग्न हकीकत को कैसे झुठलाओगे

नैतिक सिक्षा के पाठों से कब तक मन बहलाओगे॥

जीवन की गिनती वहीँ जहा ट्विटर संवाद

दिन भर बैठे लिख रहे सब कुछ है आबाद

रेंगते बच्चे व्याकुल मायें दर दर भटकें

वो सुबह शाम योगा करें रात को दारू गटकें

सत्तासुख में डूब रौब से भरें उबासी

मरने को पैदा हुए अनपढ़ जाहिल भूखे नंगे सभी प्रवासी॥

# 9

# शाकी और मयखाना

मयखाने की रौनक छिन गयी सुने हो गए प्याले

शाकी की आँखें पथराई दिखे नहीं वो पीननेवाले

महफ़िल के संगीत उजड़ गए कहाँ गए वो मतवाले

मदहोश मस्तिओं के किस्से हर रोज जहाँ पर होते थे

देखो कैसे पड़े हुए हैं व्याकुल व्यथित मौन के ताले॥


हँसी ठिठोली की मस्ती में मंद मंद मुस्काती शाकी

देखा अदाओं के छल बल को वहक रहा जो पीनेवाला

लुछ तो मदिरा ही हाला कुछ नैनों की मदिरा का प्याला

कंठ नयन से उतर रही है दो दो प्यालों की हाला

आज वहां पर सूनापन है और सूनेपन की ज्वाला

देखो कैसे पड़ा हुआ है व्याकुल व्यथित मौन का ताला॥

# 10

## दोस्तों की निशानी

मेरे संघर्षों की कहानी यूँ ही मिट जाएगी

तड़पती रूह रह जाएगी जवानी मिट जाएगी

न करो इतने जुर्म शराब की दुकानों पर

दोस्तों की दोस्ती की निशानी मिट जाएगी॥

# 11

# स्वान हमारी देहरी पर

एक निवाले को बैठा है श्वान हमारी देहरी पर

बड़े धैर्य से देख रहा है श्वान हमारी देहरी पर

उम्मीदों से आस लगाए है श्वान हमारी देहरी पर

प्लेटों की खनखन को समझता श्वान हमारी देहरी पर

व्यंजन की कतरन को तरसता स्वान हमारी देहरी पर॥


आँखों की पुतली फिरती है हर एक आवाजाही पर

साँसे उठती और गिरती हैं हर एक आवाजाही पर

कानों में आहट होती है हर एक आवाजाही पर

जिव्हा में लपकन बढ़ती है हर एक आवाजाही पर

माथे की सिकुड़न घटती है हर एक आवाजाही पर

मुंह में पानी आता जाता हर एक आवाजाही पर

द्रढ़ प्रतिज्ञ सा पूंछ हिलाता हर एक आवाजाही पर

आशाओं के भंवर बनाता हर एक आवाजाही पर

उम्मीदों के पंख लगाता हर एक आवाजाही पर॥

क्षुदा तृप्ति का स्वप्न स्वयं हर स्वान संजोये रखता है

देहरी देहरी द्वार द्वार फिर भटका भटका फिरता है

अपने सपनो में लीन मनुज को स्वान कहाँ फिर भाता है

पेट भरा हो जिसका बो दूजी भूख समझ कब पाता है

हो जाता तल्लीन क्षुदा के परिपूर्ण तृप्त हो जाने पर

खूब खीझता झल्लाता है श्वान के न जाने पर॥

साड़ी दुनिया के करुणा की करुणाई वो बताता है

मगर श्वान की बेजुबान सी भूख समझ नहीं पाता है

अन्धकार और ज्ञान के कैसे कुचक्र का घेरा है

परिपूर्ण चरितार्थ होता दीपक तले अँधेरा है॥


भरा पेट परिपूर्ण मनुज अभिमान लिपटता जाता है

उस बेजुबान सी भूख को डंडे से दौड़ाता है

क्षुदा तृप्ति के स्वप्न धूसरित स्वान भागता जाता है

अनायास ही इस देहरी से उस देहरी को मुड़ जाता है

ऐसा किस्सा देहरी देहरी स्वान रोज दुहराता है॥


चोट देह की हलकी है भूख पेट की भारी

चलो स्वान तुम करलो अब खाने की तैयारी

आज हमारा नहीं कोई हृदय परिवर्तन होता है

देख तुम्हारी हालत को मन बूढ़ों का रोता है
पराधीन तो सदा समाज में ऐसे ही दुत्कारे जाते हैं
अपनी किस्मत को कोस कोस हर रोज निवाला पाते हैं॥

# प्रेमधारा

जर्मीं जब जब फलक से मिलने को तरसती है
बादलों की प्रेमधारा घटाओं से बरसती है
सहमती है मचलती है लरजती है गरजती है
हवाओं के इशारों पर वहकती है थिरकती है॥

अंग अंग मदहोश भूमि व्याकुल शीतलता पाने को
उमड़ घुमड़ घनघोर मेघ आतुर तन प्यास बुझाने को।
हो जाती है तृप्त धरा जब बारिद प्रेम बौछारों से
थम जाता है वेग पवन का अम्बर के दीदारों से।
छा जाती है तेज लालिमा यूँ अनंत के भालों पर
इंद्रधनुष बन के लहराता आसमान के गालों पर।
चेहरा खिल उठता है धरती का अरुणोदय की लाली सा
मधुर मिलान की मधुर लालिमा देख रहा जग माली सा॥

# 13

# अत्रा का आंदोलन

अत्रा के आंदोलन की ऐसी चली बयार

अत्रा जी बस रह गए आगे निकले चतुर सियार

आगे निकले चतुर सियार भोग सत्ता का भोगें

दिन भर हसें रात जी भर भर के सोवें।


लोकपाल के लाल पड़े अस्थिपंजर से भरे शिशकारी

अत्रा जी के साथ में हुयी दुर्दशा भारी।

अत्रा जी हैं कर रहे रालेगण आराम

मंदिर में पूजा करे जापे राम ही राम॥


अत्रा जी की उम्र हो रही अत्रा जी पर हावी

कई कतारें लगी मांगती अत्रा से हैं चाभी।

गुरुमंत्र हमें भी दे दो आंदोलन सफल बनाने का

फिर से एक प्रयास करेंगे लोकपाल को लाने का

दिल्ली तो है घिर गयी इस बार चलो अलबत्ता को

आंदोलन से सिद्ध हो गया आसान हटाना सत्ता को

उसको हम हथियायेंगे एक राज्यपाल बनबायेंगे

लोकपाल की बीन को फिर शहनाई सा बजायेंगे।


रालेगण की खोई सिद्धि को हम बापस लाएंगे

दिव्यरूप सा भव्यरूप सा मंदिर वहां बनाएंगे

जीवन के शेष दिनों फिर करना तुम आराम

जी भर के मंतर पड़ना जपना राम ही राम॥

# बहके कदम

चल रहे थे हम कदम अपने संभाल के

उड़ रहे हैं आज क्यों बादल गुलाल के

दे रहा दस्तक कोई उलझन में डाल के

हाथ लहरों के उठे सागर निहाल के।


कतरने सियाही की कुछ लिखती मिटाती है

तितलियाँ फूलों को कुछ कहकर बुलाती हैं

दूर जाती पास आती कुछ सुगबुगाती हैं

हिचकियाँ रह रह के कुछ ज्यादा सताती हैं॥


रंग बदले मौसमों ने ऋतुएं बदल रहीं

चाँद की जुल्फें खिलीं खिल के मचल रहीं

हौसला पंखों में चिड़िया के उमंगें भर रही

साहिलों से सामना करने तरंगे चल रहीं॥

# 15

# कुत्तों का संविधान संशोधन

कुत्तों ने एक राष्ट्रीय स्तर की सभा बुलाई

एक तगड़े से देसी कुत्ते से सभा की अध्यक्षता कराई

किसी को सचिव, महासचिव और सदस्य की पदवी दिलाई।

सभी ने बड़े सामंजस्य से भाईचारे के उत्थान की योजना बनायी।

अध्यक्ष ने पूंछ हिलायी और सभा को हरी झंडी दिखाई।

एक कुत्ता खड़ा हुआ और उनसे बड़ी उत्सुकता दिखाई।

स्वतंत्रता के आंदोलन में अपने पूर्वजों की भूमिका बताई

और देश के संविधान में संसोधन की युक्ति सुझाई।

साथ में अपने मूल अधिकारों की बात उठायी

ये देश सिर्फ इंसानों का नहीं हमारा भी है

यहाँ के संसाधनों पर बराबर का अधिकार हमारा भी है

हम इस देश के मूल नागरिक यहीं के बासी हैं

हमारी एकता अखंड हमारी वफ़ादारी पे सबको घमंड

हम धर्म जाति में बंटे नहीं अमीर गरीब में छंटे नहीं॥

जब दुसरे कुत्ते की बारी आयी

तो उसने रहत इंदौरी की शायरी सुनाई

"सभी का खून है शामिल यहाँ की मिटटी में

किसी के बाप का हिन्दोस्तान थोड़ी है"

और देश पे अपनी बराबरी की हिस्सेदारी जताई॥

जब तीसरे कुत्ते की बारी आयी तो उसने पूँछ हिलायी

फ्लैशबैक में ले के गया और अंग्रेजो की कथा सुनाई

अंग्रेज बाहरी हैं सबसे पहले हमने जाना

मुँह खोल खोल के गुर्राए हमने उनको पहचाना

वायसरॉय की सारी बातें हमने नेहरू को बतायीं

फिरभी कहते दुनियावाले आज़ादी इनने पायी।

अंग्रेजों की एक बात को ससम्मान बताते हैं

उनकी बराबरी की नीति बड़े गर्व दोहराते हैं

भारतियों और कुत्तों को वो एक बराबर पाते थे

जगह जगह बो लिखकर ये अहसास कराते थे

उनके अहसासों की तख्ती पे हम शीश नवाते थे॥

जब चौथे की बारी आयी बो बहुत तेज गुर्राया

हुआ देश आज़ाद हमारे हिस्से में क्या आया।

सीना ठोंके लालकिले से वो फहराएं झंडे

सत्तर सालों से भटक रहे हम खाएं आज भी डंडे॥

अगले की जब बारी आयी उसने बुद्धि चलायी

दिया अपने विवेक पे जोर

आगे की रणनीति बनाओ करो कूच दिल्ली की ओर

तब तो थे हम अप्लसंख्यक अब बहुसंख्या हमारी है।

बहुतेरे इंसानों की कुत्ता बनने की तैयारी है।

उनको दल में शामिल करके हम सरकार गिराएंगे

मंदिर मस्जिद में बँटे नहीं हम पूर्ण समर्थन पाएंगे

हँसी खुसी से मिलजुलकर हम सरकार चलाएंगे

और संसद के प्रथम सत्र में एक विधेयक लाएंगे

हमें मिलेगी संविधान प्रदत्त बहुत सी शक्ति

हम यहाँ के वोटर होंगे नेता करेंगे हमारी भक्ति।

# 16

# बालगीत

कोरे कागज से आये हो बहकर यहाँ

लिखो वो इबादत जो महके समां

इससे बढ़कर तो कोई मंदिर नहीं

खड़े हो नवाये सिर गिरिधर जहाँ॥

पानी के जहाजों से आगे बढ़ो

जी लगाकर के तुम ये किताबें पढ़ो

हर समाधान तुमको मिलेगा यहाँ

प्रभु जैसे गुरूवर खड़े हो जहाँ॥

लकीरें हथेली की सीमित नहीं

इरादों की होती है कीमत नहीं

यकीं है छुओगे तुम आसमां

हौसलों ने उड़ानें भरोगे जहाँ॥

भले पत्थरों पे न माथा झुकाया कभी

शीश चरणों में गुरु के झुकाया करो

मंजिलें चल के आएँगी लेने तुम्हे

बस इरादे जो पक्के बनाया करो॥


जो तोड़े मनोबल तुम्हारा कभी

छोडो ऐसे संगी साथी सभी

मुश्किलों से न तुम जी चुराया करो

आंधिओं में पतंगें उड़ाया करो॥


जीत तो तुमने देखीं होगी कई

जीतकर खुद को खुद से देखो कभी

हार के डर से न खुद को डराया करो

जीतकर खुद को फिर मुस्कुराया करो॥


पैरों से कांटे दब जाएँ

कांटें दब टूट बिखर जाएँ

हों पावं न घायल पर जिसके

इतिहास सदा उनके यश को

साहस के साथ सुनाता है

वो वीर मंजिलों से आगे
एक मुकाम बनाता है
बस आगे बढ़ता जाता है
आगे बढ़ता जाता है॥

# 17

## एकांत घातक है

देहली कॉलेज का एक आवारा था

बच्चा वो बेहद प्यारा था

चेहरे से नूर बरसता था

आँखो आँखों बो बसता था॥


एकांत कितना घातक है जब सुनेमन पर हावी हो

हर चीज स्वाद खो देती है जब खुद का मन अपराधी हो॥


कौन अदालत सुनेगी इसको

क्या जज दुनिया को बताएगा

पंखे से लटके फंदे की

कोई गुल्थी क्या सुलझाएगा॥


बहुत सबूत मिलेंगे उसके मर जाने के

पर उसके अंतर्मन की व्यथा को सुनाएगा॥

# 18

# बाबरी

एक जिद थी ढहाने की बाबरी को गिराने की
हलचलें मचाने की लोगों को बहसी बनाने की।


चोटें की बड़ी गहरी तीखी सी जुबानों से
कर दिया महरूम उस खंडहर को अजानों से
मर्यादा के पुरुषोत्तम को अपना ईमान कहा
लूट लिया सत्ता को धर्म के खजानों से।

उन बिखरे पत्थरों में न राम हैं न सीता हैं

न रामलला की झांकी हैं न गीता है

न बाबर है न अकबर है न ही मुगलिया बास

अगर है तो बस है चिंगारी उठने का विश्वास


रघुकुल था या नहीं इसका न ठोस प्रमाण

बाल्मीकि रामायण ने रामचंद्र में फूंके प्राण

तुलसी ने जब रच दिया पूरा रघुकुल साम्राज्य

तब दुनिया को भनक लगी कि था एक रामराज्य

राम नहीं थे राम जो हैं कह गए दास कबीर

चश्मे के शीशे को पोंछो उसपे चढ़ा अबीर॥


ऐसा चढ़ा शुरूर कि तोड़ दिया मुग़लों का गुरूर

बाबर को धूल चटा दी करके गुम्बद को चूर चूर।

ले लिया बदला मुगलों कि अतिक्रमण का

बाबर अकबर औरंगजेब के सत्तानशीन बर्षों का।

रामचंद्र जी आज खुसी से खूब उल्लसित होंगे

बाबर कोने में बैठ कहीं पर पड़े शिशकते होंगे॥

# 19

## राहत साहब

थे गगन के चन्द्रमा और धरा के नूर थे

महफ़िलों में रंग भर दे वो चमकते सूर्य थे

थी अदब उर्दू तुम्हारी हिन्द की पहचान थे

चाँद को कहते थे पागल क्या गजब इंसान थे॥


गजलों में जब बोलते हर धड़कन में धड़कते थे

फकीरों सी फकीरी तो कभी कलंदर से अकड़ते थे

क्या सियासत क्या मुहब्बत इश्क़ की तुम शान थे

चाँद को कहते थे पागल क्या गजब इंसान थे॥

बारिसों में उड़े पतंगें तुम ऐसे आसमान थे

सभी के खून से बनता हो ऐसा हिन्दुस्तान थे

मजहब की मिशाल थे अमन का पैगाम थे

चाँद को कहते थे पागल क्या गजब इंसान थे॥


थे आधी सदी से तुम हर मंच की आखिरी ख्वाहिश

तुम्हारी शायरी में रोशनदान भी करते थे साज़िश

मुंह से निकलती थी सदाकत तुम ऐसी जुबान थे

चाँद को कहते थे पागल क्या गजब इंसान थे॥


रखते हथेली पे जान थे या जाती मकान थे

धुआं धुआं थे या खुला आसमान थे

दो गज की मिलकियत थे या सदिओं का ईमान थे

चाँद को कहते थे पागल क्या गजब इंसान थे॥


कहते थे कि मर जाऊं तो अलग पहचान लिख देना

मेरी पेशानी पे लहू से हिन्दुस्तान लिख देना

राहत में बसता था हिन्द तुम पूरे हिन्दुस्तान थे

चाँद को कहते थे पागल क्या गजब इंसान थे॥

**20**

# ऐ शीश तुझे झुकना होगा

ऐ शीश तुझे झुकना होगा हर पगडण्डी पर रुकना होगा

ठोकर खाकर गिरना होगा धरती छूकर उठना होगा।

कटी पतंगों सा बहता तुझे आसमान में उड़ना होगा

पवन वेग से लड़ना होगा उससे आगे बढ़ना होगा।

जख्म लगेंगे कई देह पर उन जख्मों को सहना होगा

हृदय विदारक से दृश्यों में हँसते हँसते रहना होगा।

धरा धुरी पे जैसे चलती ऐसे तुझको चलना होगा

शीतलता की छाँव है मन में पहले धूप में जलना होगा।

रस्तों में कितने हैं कांटे कितने ही विखरे हैं फूल

किस्मत लेती अग्निपरीक्षा लगती जब माथे पर धूल॥


एक बार जो उड़ना सीखे फिर ये गगन तुम्हारा है

पवन वेग से लड़ना सीखे फिर ये चमन तुम्हारा है।

धूल लगी जो माथे पर फिर वो टीका रोली है

जख्म लगे जो कभी देह पर फिर वो हँसी ठिठोली है।

जिन काँटों पर कभी चले थे फिर वो पावन शूल हैं

अग्निपरीक्षा की परिणति में बिखरे पथ में फूल हैं।

बिष के घूँट पिए थे तुमने अब वो अमृतपान हैं

जो बने हुए थे हृदयविदारक अब वो दृश्य महान हैं॥


किस्मत की दिशा बदलने को खुले गगन में उड़ने को

माथे पे तिलक कराने को रोली चंदन लगवाने को

ऐ शीश तुझे झुकना होगा ऐ शीश तुझे झुकना होगा॥

# 21

# काफिला रामलीला का

चलो एक काफिला बनाते हैं।

राम लक्ष्मण के उसमे कुछ पुतले सजाते हैं

शब्दों के मायाजाल से उनमे श्रद्धा जगाते हैं

उन पुतलों के हाथ से धनुष बाण उठवाते हैं

और एक तीर चलबाते हैं।

चुन चुन के दुश्मनो पे निशाना लगवाते हैं

अपने अंदर के रावण को बेरहम बनाते हैं

फिर दुश्मनों को उसका आवरण उड़ाते हैं

और जय श्री राम का नारा लगाते हैं।


राम और रावण के युद्ध का माहौल बनाते हैं

अपने बनाये हुए राम से खुद ही बनाये हुए

रावण का वध करवाते हैं।

जय हो प्रभु श्री राम की जय हो का उद्घोष करवाते हैं

माहौल में थोड़ा जोश और थोड़ा प्रतिशोध भरवाते हैं।

फिर पुतलों में अवतरित राम लक्ष्मण की चरण धूल माथे
से लगाते हैं।

और ज़मीन पे पड़े रावण को खूब लतियाते हैं
चलो एक काफिला बनाते हैं।


राम की रावण पे विजय का जश्म मनाते हैं
पुतलों को उनकी दिहाड़ी देकर
राम लक्ष्मण के ड्रेस उनसे बापस लेकर
फिर से उन्हें इंसान बनाते हैं।
उनके बेहतर भविष्य का भरोसा दिलाते हैं
और राम लक्ष्मण से अपने पैर छुलवाते हैं
चलो एक काफिला बनाते हैं॥

# 22

# अनशन

अनशन का पहला प्रयोग गाँधी ने सफल बनाया था
सात समंदर पार हुकूमत को घुटनों पे झुकाया था
राजतन्त्र जिन हिस्सों में बंटा हुआ था लूटतंत्र में
वहां अहिंसक अनशन को अपना हथियार बनाया था।


जो डरे हुए थे लाठी से डंडों की बौछारों से
अदालती फरमानों से जेलों की दीवारों से
उन डरे हुए उन मरे हुए पुरुषों में पुरुषत्व जगाया था
लाठी डंडा गोली जेलों का डर उनके मन से भगाया था।


जो रेंग रहे थे भिक्षु से वो दहाड़ शेर सी भरते थे
लाठी डंडे तो दूर जेल जाने को हुंकारे भरते थे
उफ़ तक न जुवां पे लाते थे उन काल कोठरी रातों में
गाँधी के सत्याग्रही सत्य की ऐसी अनुकम्पा करते थे॥

# 23

# चम्पारण का रण

शोषण की गहराई में जब दबा हुआ था चम्पारण

गाँधी ने थे कदम बढ़ाये अंतर्मन को करके द्रढ़

अंधकार से लड़ना होगा सबको प्रण ये करना होगा

हुकूमतों की जेलों को सौभाग्य स्वरूपी भरना होगा।


गाँधी के सख्त इरादों ने सत्ता को झकझोरा था

सत्य अहिंसा के अस्त्रों से सहमा हर एक गोरा था॥

सत्ता की ताकत सीमित थी बुनियादी हथियारों तक

अदालती फरमानों तक और जेलों की दीवारों तक।

गाँधी जी निकले थे लेकर ऐसा अदृश्य एक हथियार
अचूक था जिसका निशाना करता था आत्मा पे वार
छूता न था शरीर को कर देता था मन को तार तार।
सत्य अहिंसा से उपजे इन नए आविस्कृत अस्त्रों का
काट नहीं मिलता सत्ता को गाँधी जी के शस्त्रों का।


जज गाँधी से जब कहते हैं आरोपों के बारे में
मन ही मन झुंझलाते हैं बार बार खिसियाते हैं
अपने घायल अंतर्मन पर पल-पल मरहम लगाते हैं
बहुत सोचते प्रण करते अंतर्मन को द्रढ़ करते
कहने में सकुचाते थे पर दोष लगा नहीं पाते थे।


सत्ता को कायम रखने की ये कैसी जिम्मेदारी है
बिना शस्त्र रण जीत रहा ये कैसा कौन मदारी है।


अपना फर्ज निभाना था सत्ता का ध्वज फहराना था
जनमत को डराना था गाँधी को दोषी ठहराना था।


कानून तोड़ने के दोषी हो क्या तुम इसको जानते हो
अपनी सफाई में कुछ कहना या तुम दोष मानते हो।
इन अदालती कानूनों को मैंने खूब पढ़ा और देखा

इन सब अदालती कानूनों से भी कानून एक बड़ा देखा।

आत्मा के उस बोध को उस अंतर्मन के शोध को

असली कानून मानते हैं सबसे ऊपर उसको जानते हैं॥


अंतर्मन हो अविरल स्थिर फिर दोष कहाँ से आता है

शोषित जन की आवाज उठाना दोषी कैसे हो जाता है।


गाँधी तुम निर्दोष हुए तुम्हे आरोपमुक्त हम करते हैं

अदालतों ने सीखा तुमसे हम तुम्हारा मुचलका भरते हैं।


अंतर्मन की बात ठनी हो जब-जब सत्ता के गलिआरों से

कानूनों की अग्निपरीक्षा होती जब हो सच्चाई दीदारों से॥

# 24

## स्वप्न और अंगड़ाई

रात थी डूबी गगन के अनछुए आगोश में
चाँद की भी चांदनी थी कहाँ फिर होश में
ख्वाब सपनों में सजे उलझे किसी के वेश में
अंगड़ाइयों की कशमकश थी बड़ी ही जोश में।
थी अंधेरें ने चुराई रूप की कुछ झलकियां
खुशबुएं लेकर उडी हो ज्यों नवेली तितलियाँ
चित्त चंचल था मेरा और हरकतों में उँगलियाँ
कंठ से आवाज आयी आ गयीं कुछ हिचकयां।


तुम सो रहे थे बेखबर थी मुझे पल पल खबर
ख्वाब आते और जाते नींद में कुछ बोल जाते
रूप की गरिमा सुनाते चांदनी का राग गाते
आँख की पुतली फिरी और नींद खुल गयी
हृदय गति बदल गयी क्यों ये नींद खुल गयी॥

# 25

# फौजी

पत्थर घिस चन्दन करै मलै देह पे रेत
सूरज से आगे चले डरें देख के प्रेत।
घास की रोटी खाय बिछौना धरती को कर ले
संगीन सिरहाने रख चादर अम्बर की भर ले।
भूलकर अपने सपने धड़कनों पे धीरज रख ले
रस्तों की घेर अघारी नदियों को बस में कर ले।

शेर और चीतों से गले मिले जंगल पैरों से रौंद चले
चट्टानें पैरों के नीचे पर्वत शिखरों की ओर चले
बर्फीली तेज हवाएं हो या घनघोर हिमालय की रातें
वो जिधर चलें बस करे धरा उनके भुजबल की बातें।

बेख़ौफ़ निडरता के साये में मिले तुम्हे रोजी रोटी
खतरों की वो आहट भांप भटकता है बन के खोजी
रहें सलामत आबरूऐं और गूंजे किलकारी बच्चों की
विश्वासों की पहन हकीकत चलता है बन के फौजी॥

# 26

# हुल्लड़ों की बेबशी

हीं हीं करने वाले हुल्लड़ों बेमतलब के कुल्लड़ों

खूब मजे उड़ाए घण्टों घण्टों जमघट लगाए

सुबह देखी न शाम रात को भी किया खूब बदनाम

जब जी में आया निकल लिए

किसी भी नुक्कड़ पे भीड़ में जुट लिए

खूब सरकरें बनायीं और गिरायी।

प्रेम गलियों की भी जी भर के खिल्ली उड़ाई

बालक बूढ़े और जवान मंदिर मस्जिद या पुराना मकान

कॉलेज की उद्दंडता या मास्टर की कुटाई

दिल खोल के हँसे और दिल खोल के मजाक उड़ाई।

ये लड़कपन ये उल्लसित मन ये फ्री फंड की मौज

कभी सपने में भी नहीं सोचा था की आएगा ऐसा भी
एक रोज।

जब मिलना तो दूर घर से निकलना भी हो जायेगा दुश्वार

अगर बाहर निकले तो मिलेगा पुलिस का लट्ठ तैयार

जो शरीर के अंग अंग को निहारेगा

और हँसी छोड़ के सब कुछ बाहर निकालेगा

आपका दिल जायेगा टूट और ओखों को आएगा रोना

लड्डु आपसे कहेगा घर के अंदर चल यहाँ पे है कोरोना॥

# 27

# कौन???

लोकतंत्र के लोक को तंत्रों से छल रहा

साहिब के राग में दरबारी सा पल रहा

अंदर से उबल रहा फिर भी हो सजल रहा

कैसे कैसे भाव नित्य वो बदल रहा

कौन कौन?????


नेहरू को पटेल से लड़ाने पे तुल रहा

इतिहास बदलने को हो बहुत विकल रहा

आज में बिछी हुयी हैं चुनौतियाँ चबूतरे पे

इसलिए इतिहास की शिलाओं पे चल रहा

कौन कौन?????


साहिब के शब्दों में देशभक्ति घोलता है

फरेबी कसीदों को आत्मशक्ति बोलता है

झकझोरता है कसकर गिरेवां को गैरों के

अपनी सरपरस्ती को कभी नहीं तोलता है

कौन कौन?????

जान है जहान है देश का सम्मान है

सैनिकों की सहादतें साहिब का बलिदान है

ऐसा ज्ञान बांटता है ऐसे ख़बरें छापता है

साहिब के चाबुक से कुत्ते सा काँपता है

कौन कौन?????

**28**

# आदत और बंदिशें

आदतों में आदत है बड़ी नेक आदत है

मुद्दतों की आदत है बड़ी खास आदत है

जब भी निकलते हैं रोड पे जो चलते हैं

घूर घूर देखते हैं नूर नूर देखते हैं।


किसी को करीब से तो किसी को दूर दूर देखते हैं

नजर छुपाकर के देखते हैं नजर बचाकर के देखते हैं

नजर गड़ाकर के देखते हैं नजर हटाकर के देखते हैं

नज़रों के मेलजोल के इस खेल में हम

चढ़ी हुयी त्योरियों को मुस्कुराकर देखते हैं।


अवोध नहीं देखते सुवोध नहीं देखते

मेल नहीं देखते उम्र नहीं देखते

वेश नहीं देखते परिवेश नहीं देखते

देखने की आदत को आदतन देखते हैं।

भाव नहीं देखते अभाव नहीं देखते

हाव नहीं देखते स्वभाव नहीं देखते

रोज रोज घूर घूर देखने की आदतों से

डरते सहमते नक़ाब नहीं देखते।

देखने की आदतों से मजबूर घरवालों की

बंदिशों का बढ़ता दबाब नहीं देखते

देखने की आदत है घूर घूर देखते हैं।

# 29

# मक्खन के तगमे

सोने चाँदी और पीतल के तमगे बँट रहे हैं

हुनरमंदों के हुनर उपलब्धियों को रट रहे हैं

जो तेल मक्खन से लिपटे बैठे हैं

अपनी अक्ल पे ढक्कन से लिपटे बैठे हैं

सोने चाँदी और पीतल के तमगों पे छप रहे हैं

सोने चाँदी और पीतल के तमगे बँट रहे हैं।


जिसने भी अक्ल लगायी थोड़ी भी बुद्धि चलायी

दिया अपने विवेक पे जोर या पकड़ी स्वाभिमान की डोर

वे सारे के सारे सज्जन वेटिंग में जँच रहे हैं

सोने चाँदी और पीतल के तमगे बँट रहे हैं।


नियम कानून या सिद्धांतों की जिसने छेड़ी बात

शब्दों पे जो अडिग रहा जैसे दिन और रात

वे सारे के सारे नासमझ वेटिंग को तरस रहे हैं

सोने चाँदी और पीतल के तमगे बँट रहे हैं॥

# 30

# लोकतंत्र के लल्लू

लोकतंत्र के लल्लुओं ने खूब ढगे इंसान

जय हिन्द तिरंगा और खादी में छिपे बहुत अरमान

छिपे बहुत अरमान वक्त अब आनेवाला

पांच साल तक इनको कौन सताने वाला॥

काजू व्हिस्की चिकिन पकोड़े छह महीने से टेड़े टेड़े

निज जीवन में कभी न देखे इतने रस्ते टेड़े मेढे

भरी सभा में जमकर खाये स्याही जूते और थपेड़े॥


शाम सजेगी रात जगेगी रोज मने दिवाली

मध्याहन में सो के उठेंगे आठो पहर खुशहाली

दाव धौंस और रॉब से रहे हमेशा चूर

कौन तुम्हारी सुनने वाला जितने हो मजबूर॥

**31**

# राजनीति जयहिंद

ठग रहे हो बोलकर बार बार जय हिन्द

कपोल कल्पित भाषणों में कहीं नहीं है हिन्द

स्वार्थ इतना हावी है देशभक्ति के नारों पर

हिन्द सिमटता जा रहा जय हिन्द के किनारों पर।


जय हिन्द अब बस बन गया अंतिम शब्द सन्देश

ऊँचे स्वर में मंच से देशभक्ति है पेश

अगर यूँही होता रहा कोरा दम्भ प्रयोग

मात्र शब्द रह जायेगा हिन्द और जय हिन्द


जय हिन्द शब्द तो सूचक है ताकत विश्वासों अरमानों का

संघर्ष अडिगता एकता प्रेम और बलिदानों का

झलक झलकती है इसमें नेताजी के विश्वास की

गाँधी पटेल और भगत सिंह के पावन अदम्य इतिहास की।।

# 32

# इन्द्रधनुषः

इन्द्रधनुषः के सात रंग का यह एहसास उसी से है

कल कल जल में टिम टिम करता यह अम्बार उसी से है

कलरव करते पंछी देखो यह मृदु प्यार उसी से है

मिटटी के वर्तन को देखो यह उपहार उसी से है

चंदा की शीतलता देखो यह आभास उसी से है

सूर्योदय की शक्ति का यह विश्वास उसी से है

जन्म धरा देती लेकिन सुन्दर संसार उसी से है॥

# 33

# इन्द्र देव का छल

भोग विलास विहीन मनुज जब लीन तपस्या में रत था

दुनियादारी का मोह भंग परलोक हिलाने का व्रत था

इंद्रदेव भी काँप गए ऐसा जोगी का जप था

देह सिमटकर बनी हड्डियां मनोयोग का ऐसा तप था।


वायुवेग और मेघराज के सारे जतन व्यर्थ हुए

योगी की तपयोग सुधा से सब के सब असमर्थ हुए

देवयोग में बढ़ती गर्मी सिंहासन की दावेदारी थी

व्यथित हो गए इन्द्र सोचते किस विधि से हितकारी थी।


ललना के यौवन ने आकर ज्यों पायल छनकाई

पायल की धीमी सी खनखन योगी तक पहुंचाई

तार बज उठे हृदय के ली पोर पोर अंगड़ाई

योगी ने आँखे खोली और व्रत की चिता जलाई॥

# 34

## कोरे पन्ने

खो रहे हो जिस बजह से कल का तुम इतिहास।

आज तुम्हे इस पल नहीं इस बात का कुछ अहसास॥

फिर लिखोगे क्या कहानी वक्त गुजर जाने के बाद

जैसे सागर फीका हो तूफ़ान उतर जाने के बाद।

आज तुम्हारी मुट्ठी में धरती और आकाश

खो रहे हो किस वजह से कल का तुम इतिहास॥

जो आज तुम्हारी वाह-वाह करते

कल तुम पर तंज कसेंगे

उसी तंज की गहरी चोटें

फिर तुम सह न सकोगे

मगर वक्त के बदले सुर

को तुम कुछ कह न सकोगे॥

आज तुम्हारी मुठी में धरती और आकाश।

खो रहे हो किस वजह से कल का तुम इतिहास॥

**35**

# मासूम से चेहरे

चहकते बहकते महकते मासूम से ये चेहरे हैं

शोखियों में डूबे हुए ये ख्याब कितने गहरे हैं

नजर न लगे इन फूलों सरीखे गुलदस्तों को

जो खिली खिली सुबह के नए नए सवेरे हैं॥


रास्ते से डिगे तो भटक जाओगे

न जाने किस ओर किधर जाओगे

रुख बदलती है हवाएं हर रोज

मचलोगे फूलों के लिए मगर

काँटों में उलझ जाओगे॥

# 36

## लहरों पे मन

किनारे छूट जाते हैं अक्सर में वह जाता हूँ

वहकता चहकता कुछ देर वहीं रह जाता हूँ

साहस करके और आगे जाना चाहता हूँ

हर दिशा में गहराइयों तक गोते लगाना चाहता हूँ

उन गहराइयों की थाह पाना चाहता हूँ

पतवारों को फेंककर में खुदको आजमाना चाहता हूँ।

पल पल डिगाती पलपल लुभाती

सागर के यौवन की उन अंगड़ाइयों को अपना बनाना चाहता हूँ

में खुद को आजमाना चाहता हूँ।

# 37

# मौसम बेरुखे हो गए

खिल रहा था जो गगन भोर के श्रृंगार सा

एक नवेली रागिनी थी वक्त था वहार सा

कंठ कोयल के अचानक क्यों मधुरता खो गए

रुख हवा का क्या हुआ जो मौसम बेरुखे हो गए॥


गूंज पपीहे की हवाओं में अभी तक है वसी

आँखों में आँखे बसी हैं और हृदय में बेबशी

साख से टूटे न पत्ते पत्ते पराये हो गए

रुखा हवा का क्या हुआ जो मौसम बेरुखे हो गए॥

# 38

# अश्व मेरा घिर गया है

अश्व मेरा घिर गया है कुछ कटीली झाड़ियों से

कुछ नुकीली पहाड़ियों से कुछ दरकती खाड़ियों से

कुछ गगन की धूप से कुछ बंजर धरा के रूप से

कुछ धूल धूसरित आंधी से कुछ अपनो की बर्बादी से।


सत्य की सत्ता बनाने राह के रोड़े हटाने

काफिले में जो चला था नेतृत्व क्षमता में पला था

दूर की राहों को चुनकर रास्तों पर जो चला था

नेपथ्य में ही भीड़ गया मंजिलों को जो चला था।


वेदना हृदय को कुछ ऐसे रुलाती है

ज्यूँ कटीले शूल को देह में चुभाती है।

चीत्कारें और सिसकियाँ सब गले तक रुंध गई

रुधिर का कतरा न निकले यो सिरायें जम गयीं।

आँख के आंसू हैं सूखे आँख पत्थर हो गयी

अश्व की हालत को लेकर भूप की सुध खो गयी।

नौनिहालों को नोचता सर्प खग के सामने

दे रहे हैं दोष किस्मत को उसी के मायने

हम खड़े हैं देखते दम्भ से सिर नोचते

निरुपाय बेसहाय से उस खग जैसे असहाय से

वक्त के क्या मायने वक्त के क्या आईने॥


क्या फिर गूंजेगा आसमान अश्व की तीखी टापों से

क्या फिर चमकेगा पासवान अश्व की मीठी बातों से

क्या फिर दमकेगा गगन अश्व की धूल धूसरित आंधी से

या फिर लोक अमर होगा उस नन्ही सी बर्बादी से॥


ईर्ष्या से बने घाव ने ऐसी कथा रचाई

अश्वारोही बेदर्द तड़पता ऐसी व्यथा बनायी

वे अपने स्वार्थ में लिपटे स्वार्थ उनके सिद्ध

हम ऐसे लाचार पड़े हैं ज्यों नोंच रहे हों गिद्ध

नोंच रहे हो गिद्ध विधान यहां के कैसे

अपराधी हैं बने युधिष्ठर और युधिष्ठर सांसे सींचे॥

# 39

# अश्व फिर उठकर चलेगा

न डरेगा न थकेगा अश्व फिर उठकर चलेगा

भूमि को घायल करेगा धूलि को कायल करेगा

झाड़ियां जितनी हो जाहिल वो उन्हें पायल करेगा

फिर चलेगा फिर चलेगा अश्व फिर उठकर चलेगा।


घूप सहलाएगी उसको खाड़ियाँ मरहम मलेंगी

रेत् से श्रंगार होगा पहाड़ियां मीलों चलेंगी

रास्ते दुर्दांत हैं अश्व उनका वरण करेगा

मुश्किलों का छरण करेगा अश्व फिर उठकर चलेगा।


क्या रोक सकेगी उसको अदद एक कठिनाई

या तोड़ सकेगी उसको एक छोटी सी करुणाई

रण आतप में पला बड़ा जब रक्त रँगों में खौलेगा

आसमान में दौड़ेगा वो अश्व हवा से बोलेगा।

उद्‌घोष करे वो रणभेरी का डंका फिर से बजायेगा

आसमान हो धूल धूसरित ऐसी दौड़ लगाएगा

जिस मंजिल के लिए चला था अब वो पीछे छूट गयी

अब मंजिल कुछ और बनेगी वहीं तिरंगा फहराएगा

न डरेगा न थकेगा अश्व फिर उठकर चलेगा॥

# 40

# तारीख

कितने आंसू रोज छलकते अदालतों की देहरी पर
कितने आँचल रोज बिलखते कानूनी रणभेरी पर
तारीखों में उम्र निकलती रोजा रोजा साल हुए
कितने ही रणवीर बाँकुरे रोटी को मुहाल हुए।

बच्चों के स्कूल अधूरे और अधूरी बिंदी है
कंगन गिरवीं रखे हैं घर में न फूटी चिन्दी है
पूस माह के चढ़े शीत में साँसे कैसी धधक रहीं
रह रह के पथराई आँखें कैसे कैसे फफक रही।

तारीखों की सुनवाई पे छुट्टी अक्सर हो जाये
जोड़ तोड़ से बना खिलौना मिटटी मिटटी हो जाये
एक नयी उम्मीद जगाये काला कोट हथेली दिखलाये
जल्दी ही तारिख मिलेगी झूठा भरोसा दिलवाये॥

**41**

# जेल-मिलाई

कुछ रो रहे थे कुछ हँस रहे थे

कुछ हँसते हँसते रो रहे थे

कुछ रोते रोते हँस रहे थे

कुछ न हँस रहे थे न रो रहे थे

आंसुओं को समेट के बस कह रहे थे

सवाल एक ही थे दोनों के सामने

किसी के जवाब का नहीं था कोई मायने

फिर भी कह रहे थे बस कह रहे थे।

चेहरे बहुत थे इस तरफ या उस तरफ

भावनाएं एक थी इस तरफ या उस तरफ

कुछ सिस्टम को कोश रहे थे कुछ किस्मत को

कुछ कोस रहे थे पुलिस की रहनुमाई को

कुछ कोस रहे थे अदालती सुनवाई को

कुछ कोस रहे थे अपनी रिहाई को।


कोई इन सबसे अछूता था तो वो था

चाय बेचता एक लकड़ा और

कुर्सी डाले बैठे कुछ अफसर
दोनों निश्चिंत थे मसगूल थे अपने काम में।


कोई खुस था तो वो था संतरी

जिसको दोनों जेबें थी भरी भरी

बातें सुना रहा था खरी खरी

मगर सौ रूपये से कम में नहीं दे रहा था एंट्री


और खुस था जेल का दरबान

जो रख रहा था सबके मोबाइल का ध्यान

बीस रूपये का करना था भुगतान

जेल के अंदर करने से पहले प्रस्थान।


लॉन में अंदर जेलर का सजा था दरबार

कुछ भेज रहे थे अंदर आने की गुहार

कुछ दिखा रहे थे मजबूरी हो रहे थे लाचार

जेलर साहब सिखा रहे थे सबको सदाचार।


एक चरित्र और था जो था लम्बरदार

सजायाफ्ता या कि न हो जिसका पहरोकार

वो सीनियर कैदी थे इज्जत के हक़दार

जेल प्रशाशन सभालने को थे वो जिम्मेदार।

एक हुकुम हुआ भरत मिलाप ख़तम हुआ

डंडा फटकारती खाकी का सितम हुआ

धैर्य अब कम हुआ आँखों में नम हुआ

मुस्कुराहटें चली गयीं फिर वही गम हुआ॥


क्या बूढ़े क्या जवान खाकी को सब समान

एक से सम्बोधन एक सी सबको जुबान

चल दिए हैं भेड़ों के झुण्ड में इंसान

मुर्दों के मचान, जेलों के मेहमान

हुकूमती एलान पुलिस के ईमान

रूठते इंसान, टूटते इंसान॥

**42**

# सागरतट है दूर कहाँ

वक्त से सबको सिखाया धार को नदिया बनाया

रुक गए वो मिट गए नाली नालों में सिमट गए

तुम धार नदी की जीते हो गंगाजल को पीते हो

बहुत पिया है अमृत क्यों घूँट जहर नहीं पीते हो।


बहुत दूर तक जाना है तुम्हे गंगासागर को पाना है

गंगोत्री से चलकर आये हो बस आगे कदम बढ़ाना है

तब नाव नवी थी नाव सजी थी तुमको सफर कराती थी

धारा प्रवाह को काट काट हर पल तुमको बहलाती थी

अब तुमको हाथ बढ़ाना है नौका को पार कराना है

सागरतट है दूर कहाँ बस सागरतट तक जाना है